EN STÄMPEL I PANNAN

DANIELLA ALM HELJEVED

Denna bok vill jag dedicera till min
mamma. Tack för allt du gör för mig!

"Everybody
is a genius. But if you
judge a fish by its ability
to climb a tree, it will live
its whole life believing
that it is stupid."

- Albert Einstein

"I denna bok kommer ni att hitta stavfel, särskrivningar och säkert ett och annat påhittat ord som ni aldrig hört talas om.

Det är stor bokstav mitt i en mening och en liten bokstav när det borde vara stor bokstav.

Jag är nämligen dyslektiker men jag är helt övertygad om att ni kommer att förstå ändå."
- Daniella Alm Heljeved

"Om man frågar vilka språk jag behärskar så brukar jag säga:
1. Svenska
2. Engelska
3. Tyska
4. Turistspanska
5. Dyslexi

Dyslexi? Ja för ibland kan det vara helt obegripliga sms eller text man får läsa men med åren så blir man expert på att ändå förstå det språket"
- Marika Alm

9

Innehållsförteckning

Förord

För många dyslektiker kan det kännas som ett straff att läsa en bok, varje sida blir tyngre än bly och sidorna är oändliga. Denna bok kommer kanske inte vara någon skillnad, men för att förbättra din läs upplevelse är denna bok skriven med kortare stycken, stor text, längre radavstånd och berättande bilder. Som du troligen märkt är boken heller inte så tjock vilket jag hoppas gör att den inte avskräcker dig från att läsa.

Många av oss kan ofta tycka att skolan är orättvis och diskriminerande mot de med dyslexi. Detta stämmer självklart vid många tillfällen men det vi ofta glömmer är de framsteg vi idag kan njuta av.

1990 klassificerades dyslexi som en funktionsnedsättnig i Sverige. Innan detta ansågs dyslektiker enbart som dumma men främst lata.

Jag föddes år 2000 vilket betyder att när det var hög tid för mig att börja skolan var inte dyslexi någon nyhet för lärarna, eller det trodde vi om inte annat.

Jag har en storebror, Christian han är femton år äldre än mig. Han föddes 1985 Vilket betyder att han började skolan samma år som dyslexi blev allmänt känt. Med tanke på människors inställning till dyslexi idag kan jag förstå vilket helvete han måste ha utstått i skolan.

Du som läser den här boken är antingen dyslektiker själv, är anhörig till någon med dyslexi eller vill bara lära dig mer om ämnet.

Till dig med dyslexi vill jag säga att du och jag vi är riktiga kämpar, troligen är det bara jobbigt för dig att läsa den här första sidan, men jag tror på dig och att du kommer att avsluta alla sidor i den här boken och alla böcker du kan tänka dig läsa i framtiden.

Till dig som är anhörig eller känner någon med dyslexi vill jag tacka för det är ert stöd som gör att dyslektiker som jag orkar med vardagen.

Till dig som vill lära dig mer vill jag också tacka för att du tar stegen för att förstå en person eller en diagnos som så många kastar åt sidan.

Jag har många att tacka för att den här boken skulle bli möjlig. I första hand vill jag tacka min mamma som alltid stått vid min sida och som kommer att göra det för en lång tid framöver.

Sedan vill jag tacka min bror Christian som varit en enastående förebild och slutligen vill jag tacka de stöttande lärare som alltid trott på mig Catrin, Herbert, Emelie, Robert, Glenn, Simon, Victor, Ylva, Monica och alla andra som gett mig chansen.

P.S Du kan anteckna eller skissa det som du tycker är intressant eller viktigt på sidorna längst bak.

Kapitel 1 - Triangel

Jag har vetat att jag har dyslexi så länge jag kan minnas, och därför har det aldrig varit något jag behövt skämmas för. Men självklart kommer även det tillfällen då man känner sig illa till mods på grund av sin dyslexi. Dessa tillfällen är exempelvis när man måste läsa högt inför klassen, när man måste skriva något på tavlan eller helt enkelt när man inte får den hjälp man behöver.

När jag gick på förskolan förklarade fröknarna för mina föräldrar att jag varit barn som alltid strävade efter att få lära mig mer.

Troligen var jag runt tre år och vi skulle lära oss former och färger. Jag gick fram till en av fröknarna och jag sa " jag vill lära mig skriva ordet triangel".
Jag kan inte längre minnas varför jag ville lära mig just det här ordet, men det var ändå mitt första skrivna ord.

När fröken tagit in min ovanliga förfrågan satte vi igång direkt. Fröken fick inte berätta för mig hur det skulle stavas utan jag skulle lära mig

själv. Det jag behövde fröken till var att hjälpa
till om jag var helt fel. Vi började med att gå
igenom hur bokstäverna i alfabetet lät och
sedan gick vi igenom hur ordet lät och
försökte koppla samman ljudet av ordet till
olika bokstäverna.

Allt detta dokumenterades både i bild och
skrift. Därför vet jag att jag inte fick det rätt
varken första eller andra gången, det tog
många försök innan jag äntligen kunde skriva
triangel.

Lärarna var lika chockade allihopa och när
min mamma kom för att hämta mig ville de
prata med henne i för de trodde att jag var ett
ovanligt begåvat barn på stavning. Varje gång

min mamma berättar den här historien för mig dör jag av skratt, eftersom att sju år senare fick jag min diagnos, Dyslexi.

Men denna upplevelse tänker jag tillbaka på varje gång det känns som att en uppgift är helt omöjlig att lösa oavsett om det är i eller utanför skolan. För att lyckas får man aldrig ge upp och jag ska erkänna att det inte alltid är enkelt. Det är just därför människorna i vår närhet är så viktiga oavsett om det är en lärare, en vän eller en förälder. Det viktigaste att komma ihåg är att allt är möjligt trotts dyslexi.

Som barn var jag tidig på det mesta. Kröp aldrig utan ställde mig upp vid nio månaders ålder och knallade iväg. Vetgirig på att lära mig läsa och skriva. Framförallt pratade jag extremt tidigt och med långa meningar.

Jag började sexårs i Tallkrogens skola, en liten kommunal skola i utkanten av Stockholm. Den var noga utvald av min mamma då det var klass 1-3 och man fick jobba i sin egen takt. Redan vid åk 3 togs den möjligheten bort och det blev renodlad åk 3 istället. Min tid i den här skolan varade i sex år.

Min mamma såg alltid till att jag låg fem steg före alla andra i klassen så när jag kom till skolan var jag helt förberedd inför lektionen. Sorgligt nog räckte det inte och jag klarade fortfarande inte av att avsluta mina skoluppgifter i tid.

Därför satt min mamma med mig under flera timmar varje kväll för att först göra klart alla läxor, sedan med att jobba klart allt det jag inte hunnit göra på lektionen och till sist arbeta mig fram så att jag låg före alla de andra klasskamrater på lektionen dagen där på. Allt det här gjorde hon för mig trots att hon arbetade heltid.

Mitt tidigaste minne av orättvisa var i första årskurs när jag var sju år och alla i klassen fick skriva egna små böcker när vi inte hade något annat att göra.

Att berätta historier och att få höra dem var det bästa jag visste som barn, vilket gjorde dessa lektioner till de bästa på hela veckan enligt mig. Men varje dag hängde läraren över axeln på mig och sa att jag skulle skriva mer text och rita mindre bilder då mina var förstora och täckte nästan hela sidorna. Problemet var bara det att jag ansåg mig själv skriva mycket text. Tillslut fick läraren nog och ringde in mina föräldrar till skolan.

Hon började mötet med det sedvanliga "Daniella är en sådan fröjd att ha i klassen, hon är lugn och gör precis det hon ska". Mamma som var lite av en busstake under sin egen skolgång var så stolt över att jag inte ärvt hennes rebelliska egenskaper men sedan kom smällen "men det vore bättre om Daniella inte var så lat". Mamma förstod ingenting, hon visste att alla mina kvällar gick åt att plugga och jobba ikapp.

Läraren tog fram mina små böcker som jag skrivit: Alexander hittar den försvunna nissen, Min drake och jag, Alla älskar mamma och många fler av mina många klassiker som du naturligtvis aldrig hört talas om.

Ni bör också veta att min mamma berättat för alla lärare inklusive rektorn att jag hade dyslexi från det att jag började förskoleklass eller sexårs som det också kallas. Men lärarna förnekade och menade på att alla barn har svårt att skriva när de är unga. Som vi redan vet kan detta inte vara fallet då jag hade pratat i hela meningar i många år och att ett test lätt hade kunnat ordnats.

För er som undrar hur min mamma kunde veta att jag var dyslektiker vid så ung ålder måste jag tyvärr meddela att hon sorgligt nog inte är synsk vilket hade varit vansinnigt roligt men har uppfostrat mina två äldre syskon som båda har dyslexi och främst min bror men om honom tar vi senare.

Som jag berättade tidigare visade läraren mina författaralster för mamma och hon såg inget fel med dem. Jo visst hade jag ritat istället för att skriva på ungefär lite mer än två tredjedelar av pappret men jag hade skrivit minst en mening på varje sida och tillsammans med bilden förstod man tydligt vad jag ville berätta. Mötet slutade men det gjorde inte lärarens konstanta påminnelser om att jag bara var lat.

Tyvärr var det runt den här tiden som två viktiga händelser ägde rum som påverkar mig än idag. Den här skolan hade ett system som gick ut på att om du blev klar med skolarbetet i tidigare än lektionen då fick man sitta med en specialbok och lära sig att skriva med skrivstil.

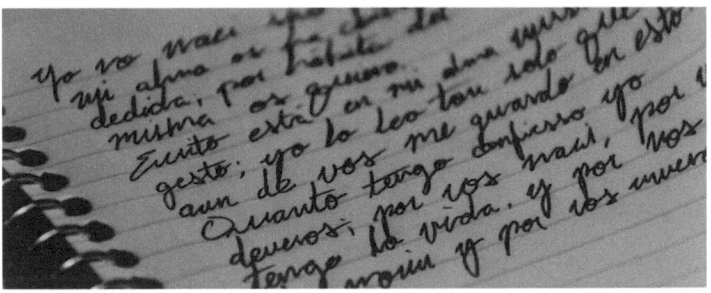

En elev fick aldrig den här boken och ni kan ju gissa vem? På grund av att jag aldrig fick chansen att lära mig har jag än idag en riktigt dålig handstil och kan inte skriva skrivstil. Däremot har alla mina vänner som gick i samma skola som jag otroligt fina handstilar.

Av den orsaken fick en av mina kompisar signera alla mina papper under mellan och högstadiet. Hon fick till och med skriva min signatur på avslutnings brevet när jag gick ut nian.

Den andra saken som hände var att vi skrev ett prov på klockan och när vi sedan fick tillbaka provet hade jag inte ett enda rätt. Så jag fick äntligen gå till en speciallärare som skulle kunna hjälpa mig, men redan första lektionen med den här läraren gav hon mig ett enkelt prov. Eftersom att jag klarade provet var det inte lämpligt att jag fortsatte med hennes lektioner.

Idag kan jag med huvudet högt erkänna att jag inte kan klockan. Jag förstår den analoga klockan men jag har svårt att förstå vad klockan är när jag ska läsa en digital klocka. 14:30 borde enligt mig vara halv två då jag vet att 14 betyder två och 30 betyder halv, och om man slår ihop dem får man halv två. Verkligheten är dock sådan att 14:30 är halv tre men inte enligt min logik.

Åren gick och i femte klass fick alla elever göra ett så kallat LUS test (nej, handlar inte om löss) som tränar läsning, stavning, hörförståelse, m.m. Jag skrev provet som alla andra men när det var dax för rättningen visade det sig föga överraskande att jag inte lyckades stava ett enda ord rätt och hade inte hunnit läsa alla texterna.

Skolan bokade ett möte med en utredare och jag fick till slut mig diagnos i handen. Det visade sig att jag tillhör de få procent av den dyslektiska befolkningen i Sverige som hade den grövsta formen av dyslexi.

Mamma hade sedan länge ställt upp mig i kö till Kunskapsskolan i Enskede och vi blev otroligt glada när det visade sig att jag mer eller mindre fick sista antagning platsen till skolan och skulle därför få börja åk 6 där.

Jag började i den nya skolan med ett otroligt dåligt självförtroende.

Varje dag var en utmaning och mådde så dåligt med mig själv, trots att mamma alltid sa att jag var jätteduktig och att hon var väldigt stolt men det hjälpte inte. För hon är en mamma, det är hennes uppgift att tycka att jag är fantastisk och duktig.

Sen träffade jag Catrin, hon var skolans speciallärare/specialpedagog. Helt plötsligt fanns det en lärare som berättade för mig att jag var duktig och att jag kunde.Hon visade mig vad det innebar att ha dyslexi, det var inte en förbannelse det var en superkraft. Mitt självförtroende sköt upp i taket och i takt men det gjorde även mina betyg.

"Här pratar vi inte om diagnoser – vi pratar om möjligheter"

#stöd

I femte klass fick Daniella veta att hon hade grav dyslexi. Då hade hon kämpat på med både läsning och stavning och tack vare det hårda arbetet ändå hängt med i skolan. I sexan bytte hon till Kunskapsskolan i Enskede och fick tillgång till en mängd hjälpmedel som har förenklat hennes skolvardag. Inte minst har det nära samarbetet med skolans

I sexan kämpade jag för att hålla mig på godkänt i alla ämnen, i sjuan började jag få upp dem till C och i åttan höll jag ett rätt stadigt C rätt igenom alla ämnen. Sedan kom vi till nian den viktigaste årskursen och de betygen som skulle avgöra i stort sett resten av mitt liv.

Tillsammans med mamma, Catrin och mig själv drar jag mig upp de sista millimetrarna och går ut högst upp på toppen med i stort sett bara A och några B i betyg. Vilket i slutändan gjorde att jag kunde komma in på vilket gymnasium jag ville - valet föll på en kreativ skola som var och just nu är helt otrolig. YBC.

Självklart stöter jag fortfarande på orättvisa lite då och då men jag har nu gjort det till min uppgift här i livet att underlätta inte bara för mig utan även alla de dyslektiker som nu kommer efter mig.

Första året på gymnasiet gick helt strålande och jag fick ett snitt på över 19 men det jag mest längtade efter var år två. Det året då vi på ekonomilinjen skulle starta våra egna UF (Ung företagande) företag.

Vi delades in i olika grupper och skulle komma på en bra affärsidé men jag visste redan vad jag ville göra. Jag gjorde det jag gör bäst och övertalade mina lärare Glenn och Robert med välbyggda argument om varför jag trodde på min ide.

Jag gav dem ett erbjudande som de inte kunde tacka nej till. I utbyte mot att jag fick registrera mitt eget företag så lovade jag att stanna kvar i min gamla grupp och göra alla arbeten dubbelt. Robert och Glenn hade inget annat alternativ än att säga ja och det blev början till det som idag är DyssePlugg.

När jag gick ut nian insåg jag att alla de pluggtips och strategier som jag burit med mig genom åren borde delas med andra så jag startade min blogg Dysseplugg och nu när jag fick chansen att utveckla detta till något mer tog jag den.

Under den här tiden får jag ett antal läxhjälps elever men främst mail från föräldrar, lärare, elever och till och med specialpedagoger som har frågor och vill ha hjälp.

Glad över att vara uppskattad hjälper jag alla jag kan. Företaget fortsätter i samma takt som tidigare men ett par elever lite då och då. Under den här tiden får jag dock väldigt mycket mail och frågor från föräldrar som undrar hur och vad de ska göra. Det kan vara allt från frågor om skillnaden mellan extra anpassning och särskild stöd eller hur man gör när skolan arbetar emot.

Snabbt insåg jag att det var inte bara dyslektikerna i Stockholm som ville ha hjälp och därför utvecklade jag en system med hjälp utav Youtube och google drive som skulle göra det möjligt för ungdomar att få samma läxhjälp via internet vart man än befann sig.

En vecka efter att detta lanserats på företagets hemsida fick jag ett speciellt samtal. Det var en dam från England som var intresserad av läxhjälp för sin son.

Helt ärligt trodde jag att det var någon som skämtade med mig, men sedan några timmar senare fick jag en orderbekräftelse på mailen. Så jag skickar tillbaka en faktura till den engelska damen och får några dagar senare betalningen. Vid det här laget var jag tvungen att tro henne och en vecka efter att betalningen kommit in sitter jag framför datorn i mitt rum och håller min första videokonferens (på engelska).

Mycket har jag gjort i livet, klättrat i vattenfall och simmat med delfiner men jag tror inget kan slå den otroliga känslan jag hade efter att vi avslutade den första läxhjälpen.

I de övriga ämnena fortsätter skolan som den gjort tidigare år.

Vi får i tvåan nya lärare i nästan alla ämnen vilket betyder att jag ännu en gång fick gå runt till alla lärare och presentera mig som dyslektiker. Alla lärare säger att de inte har något problem med det men jag kan ändå upptäcka gånger där de helt enkelt glömt bort den eller inte tänker på den.

Något som inte är ett exempel på detta är den nya svenska läraren Ylva. Till skillnad från de traditionella läs lektionerna där elever får en bok och förväntas läsa den i samma takt som alla andra, satt Ylva och läste boken högt för alla elever (Eleverna fick också böcker och läste med i texten).

Det fick mig att tänka? Varför gör inte alla lärare så? För det första var det lättare att hålla diskussioner i klassen då alla var på samma ställe i boken. Ingen behövde känna sig dålig för att de inte hunnit läsa lika snabbt eller långt som någon annan.

Alla läste fortfarande i boken så vad gäller läskunskapen stör det inte alls och sist men inte minst lektionerna gick mycket snabbare än vad de gjort innan. Vi har svenska en gång i veckan under en två och en halv timmes lektioner och det som tidigare år tagit ca två månader tog kanske bara fyra veckor nu.

Jag har redan berättat om svenska läraren Ylva men det är oftast så att lärare inom språk ämnena Svenska, Engelska och Moderna språk har en bra bild över dyslexi och olika anpassningar, detta gäller dock självklart inte alla. Men lärarna i de andra ämnena tänker oftast inte på att dyslexi påverkar deras ämnen också. Därför ska jag berätta för er om två andra lärare som gjort ett stort intryck på mig och min skolgång.

Vi börjar med Simon, Han var min SO lärare i sexan och sjuan, han var också min klassmentor. Som SO lärare var han helt fantastisk.

I sjuan arbetade vi med geografi och han skulle lära oss om endogena och exogena krafter (Det är de naturliga krafterna som bryter ned eller bygger upp exempelvis berg). Vilket är vanligtvis omöjlig att komma ihåg, men än idag minns jag det tack vare Simon.

Han berättade en saga som handlade om hans fru Endo och hans elaka ex. Hans elaka ex kom och förstörde deras hus varje dag medan hans fru Endo byggde upp deras hus varje dag.

Som du kanske kan gissa är endogena krafter sådana som bygger upp och exogena krafter är sånna som bryter ned.
Denna berättelse förklarade han med hjälp utav att samtidigt rita händelserna på tavlan.
När det kommer till inlärning brukar man föredra tre olika metoder Visuell, auditiv eller kinestetisk (detta gäller även dem utan dyslexi).

Visuell inlärning är när man lär sig med hjälp utav att se bilder och filmer eller läsa texter.

Auditiv inlärning är när man lär sig genom att lyssna exempelvis på ljudfiler eller föreläsningar.

Kinestetisk inlärning är när man lär sig genom egna praktiska erfarenheter och genom att leva sig in i det man vill lära sig. Det vill säga genom att göra.

Alla människor är olika och föredrar därför inlärning på olika sätt och Simons berättelse den täckte både det visuella och det auditiva. Det gjorde att fler elever hade chansen att förstå lektionens innehåll. Det här arbetssättet använde han sig av hela tiden men jag tror det var omedvetet.

Simon var sedan tvungen att byta skola och jag fick aldrig en lärare som han igen, förrän jag började på YBC.

Den andra läraren kom att bli en näst intill kopia av Simon, men med lite mera hår på huvudet och en skånsk dialekt, Glenn Juhlin. Roligt nog blev även denna lärare min mentor men också min lärare i företagsekonomi. Glenn lyckas täcka alla de tre inlärningssätten varje lektion och jag är inte helt säker på om han heller vet om det själv.

Han är den enda läraren som jag haft som lyckats med det.

De andra lärarna lyckas kanske med att täcka alla under ett helt år men Glenn lyckas varje lektion.

Först håller han föreläsningar så att de auditiva eleverna förstår, sedan har han gjort filmer som alla elever måste se så att även de visuella eleverna kan lära sig.

Sist har han själv skrivit sina egna läroböcker/ dokument som alla ska läsa, till dem kommer uppgifter och projekt så att även de kinestetiska eleverna kan lära sig och förstå.

Det jobbet Glenn lägger ned på sina elever är egentligen omänskligt och jag sätter inte ett krav på att alla lärare ska göra likadant men låt Glenn bli en förebild och ett exempel på en lärare som gör allt för sina elever, även om det inte alltid blir uppskattat från ointresserade elever. Jag kan bara hoppas att han förstår hur mycket jag uppskattar hans arbete.

Trots det går det ibland väldigt dåligt och det får man helt enkelt acceptera. Vi hade nyligen ett prov inom företagskalkyler. Jag hade haft höga resultat på läxförhören och tyckte att jag pluggat ordentligt och såg fram emot att få visa det.

Sedan kom provet och det blev totalt kortslutning i hjärnan för mig. Jag kan inte förklara ens för mig själv varför det inte fungerade men det är helt enkelt bara att göra om och göra rätt.

Under min högstadie och gymnasie gång har mina betyg aldrig blivit uppmuntrade (förutom av min mamma). Om jag får ett bra betyg tycker lärarna oftast "Ja men det är självklart hon är ju Daniella" och om jag får ett dåligt resultat får jag oftast höra "Ja men det är ju självklart hon har ju dyslexi".

Så när jag gick ut nian fanns det två pris man kunde vinna. Den ena var för de eleverna som hade A i alla ämnen och den andra var för de elever som hade gjort den största resan med betygen.

Jag kämpade i fyra år med att vända mina E betyg till A men hade tyvärr några B i två ämnen som gjorde att jag inte kunde vinna det första priset. Såg fram emot att gå fram och ta emot det andra priset för jag visste att jag var den enda på skolan som vänt alla låga betyg till högsta betyg.

Blev lite snopen när priset delades ut till en elev som lyckats med att få E till C nivå. När prisutdelningen var klar kom en av lärarna fram till mig och sa: "Du hade nog också kunnat få priset men du har inte kämpat lika mycket och det har inte varit lika jobbigt för dig då du är så duktig och har så lätt för dig". Ridå. Lätt för mig? Efter min resa vet jag inte om jag förtjänade de orden.

Under sommaren 2018 arbetade jag som lägerledare på ett dyslexi läger där jag skulle hålla en föreläsning om hur man får bra betyg i skolan. Och jag sa det att det krävs att man studerar minst varje dag efter skolan samt helgerna, vilket stämmer. En av de andra ledarna frågade hur man ska göra om man inte vill göra det. Det ärliga svaret är att då får man inte bra betyg.

Det gäller också att vara street smart och veta vad lärarna vill höra. Vilket blir svårt eftersom att alla lärare vill höra olika saker. Därför får man använda sitt första prov för att se vad läraren vill att du ska skriva och hur det ska skrivas.

Det är min historia!

Kapitel 2 - Mammas perspektiv

Alla varningsklockorna klämtade redan vid tidig ålder för Daniella för att läsa och skriva. I sitt beteende var hon en kopia av storebror Christian. Vad gäller honom kunde jag som styvmor bara ta över allting som hade med skolan att göra först vid mellanstadiet och de tidigare tragiska skolår han utsatts för skulle jag göra allt i min makt för att inte Daniella skulle behöva uppleva. Jag utformade en enkel plan i några steg som jag trodde skulle underlätta för henne.

Steg 1.
Att kunna stava bedömer jag som ganska ointressant i dagens samhälle där det finns smartphones och datorer med stavningsprogram. Att kunna läsa och framförallt förstå det man läser det är oerhört viktigt så jag började så tidigt jag kunde med att öva upp Daniellas ordförråd samt läsförståelse.

Varje gång vi läste en saga eller någonting annat så stannade vi upp efter ett litet stycke och jag ställde frågor om vad det handlade om och vi diskuterade krångliga ord. Vi pratar inte om att detta gjordes någon enstaka gång utan varenda kväll under många år.

Steg 2.

Information. Viktigt att ge mycket information även till den det gäller. Daniella var inte gammal när jag berättade att hon hade dyslexi och vad det innebar. Ge information till skolan.

Tråkigt nog finns det skolor med inkompetens som inte förstår vad detta innebär men finns det möjlighet - byt skola. Gjordes både för Christian och för Daniella och det blev toppenresultat för bägge. Att Einstein var ett geni och hade dyslexi har oftast upprepas i vårt hem.

Steg 3.

Kunskap. Gör dig själv till expert inom
området. Oavsett om det är rättigheter och
lagar eller om det är hur hjälpmedel fungerar
så se till att du är den mest kunniga inom
området. På det sättet kan du också hjälpa ditt
barn. Sitt inte på ett föräldrasamtal och håll
med utan släng fram en lista med krav på hur
det blir bäst för ditt barn. Godta inga ursäkter
att man inte gjort så tidigare på skolan för det
är inte av intresse utan du ska göra allt i din
makt för att det ska bli så bra som möjligt.

Steg 4.

Tid. Självklart önskar man att man hade all tid
i världen men verkligheten ser oftast lite mer
dyster ut men det är en kort period av ditt liv
men så oändligt viktigt för ditt barn. Avlasta
genom att läsa hela läxan. Jag är okrönt
världsmästare på att googla fram alla rätta
svar så att Daniella inte behövde uppta dyrbar
tid på att leta. Se det positivt - du lär dig
enormt mycket om fotosyntes och annat som
du inte minns.

När det kommer till högstadiet så tar datorn och förhoppningsvis en duktig speciallärare vid så då kan du luta dig bakåt och bara ta det lugnt.

Steg 5.
Var pinsam. Japp det är lika bra att du vänjer dig för vid en viss ålder så infinner det sig ändå att du är konstant pinsam i ditt barns ögon. Vid högstadiets utvecklingssamtal föreslog läraren att han skulle lägga undan pärmen för jag hade nog bättre koll än vad någon annan hade. Pinsamt men sant.

En mattelärare gick emot alla regler för hur Daniella ska genomföra ett prov. Två sekunder senare fick matteläraren, mentorn och specialläraren ett mail från mig där jag skrev att jag inte accepterade hanteringen och att Daniella hädanefter inte skulle skriva några prov i närheten av den läraren. Pinsamt javisst men efter det skrev Daniella alla matteprov inne hos specialläraren. z

Steg 6.
Var stolt. Finns så mycket annat ditt barn är duktig på så framhäv det. Både Daniella och Christian är ju löjligt kreativa så MacGyver känns som långt efter deras kapacitet. En dyslektikers tekniska kunskap är oftast bättre än alla andra då de ska använda hjälpmedel, talsyntes, program som översätter osv.

Några enkla steg och man känner att man lagt ner själ och hjärta på att göra sitt bästa och resultatet blir bara pannkaka för Daniella kände sig ändå misslyckad och hade dåligt självförtroende för hon fick inte ut det resultat hon med sin höga ambition ville uppnå.

Vid föräldrasamtalet där läraren sa att Daniella var lat trodde jag först det var ett dåligt skämt för jag hade informerat redan i sexårs att hon hade dyslexi.

"Tror du på allvar att Daniella är lat?" frågade jag medan det började koka av ilska inom mig. "Hon har ju dyslexi vilket jag redan påpekat" sa jag sen lite surt. "Hon kan ju inte ha dyslexi för hon är ju så duktig" sa läraren.

Jaha vad svarar man på det? Man inser ju väldigt snabbt att personen framför en är otroligt obegåvad och inte har en aning om vad dyslexi innebär. Redan där gick jag hem och började googla fram andra skolor för så länge Daniella bara gick i låg- och mellanstadiet skulle hon klara sig på grund av att vi arbetade så stenhårt hemma men i högre årskurser behöver hon ha sina

rättigheter och kompetent lärarkår. Valet föll
på Kunskapsskolan i Enskede men nackdelen
var ju den långa kön men jag anmälde henne
och som ni redan läst så var det i sista sekund
för hon kom ju in.

Ett par veckor efter det ovan föräldrasamtalet
delas det ut bärbara datorer till alla i klassen
som hade diagnos.
Jag ringde upp och förklarade för den
oförstående och mindre begåvade lärarinnan
att i Sverige behöver man inte en diagnos för
att få hjälp men ni förstår ju att det var som att
tala till en vägg så jag åkte och köpte en liten
bärbar dator till Daniella så att hon också
skulle få den hjälpen.

Sen kom det berömda LUS testet. Daniella
hade perfekt läsförståelse och perfekt
ordförråd det lilla hon hann med och det var
inte så långt. Stavningen hade hon inte ett
enda rätt på så då ringde lärarinnan upp mig
och bad om ursäkt. Jag hade haft rätt hela
tiden och nu skulle det bli så bra med all den

hjälp de skulle erbjuda Daniella. Jag tror jag skrattade rätt länge åt den fröken för jag minns det kom tårar i ögonen. Jag förklarade för henne att det fanns inte en chans i helvetet att jag skulle låta min dotter gå kvar i en sådan skola där de inte förstod bättre.

Vid denna tidpunkt visste jag också om att Daniella skulle få plats i Kunskapsskolan och det poängterade jag gladeligen för dem.

Månaden efteråt var det dags för logoped att göra ett utlåtande efter olika tester hon utfört och jag kan villigt erkänna att när hon berättade om sin slutsats och vad som skulle stå i Daniellas diagnos så rann tårarna på mig. Dels att inte ens jag förstått att Daniellas problem var så omfattande. Kunde jag ha hjälpt henne mer? Men det fanns inte mer än 24 timmar på dygnet så jag tror jag gjorde precis allt och dels för att jag visste vilket enormt arbete som låg framför både mig och Daniella. Konstigt nog så blir jag inte yngre med åren och man ska orka även som förälder.

Självklart scannade jag in diagnosen och mailade den till Tallkrogens skola där jag gratulerade dem till ett otroligt dåligt utfört arbete. De ringde upp och bad än en gång om ursäkt.

När så Daniella började Kunskapsskolan så tror jag att mina taggar var lite utåt.
De försvann i samma sekund som jag fick höra orden "Jasså hon har grav dyslexi men det fixar vi enkelt".

Kändes nästan som jag hållit andan och kunde nu äntligen pusta ut. Daniellas självförtroende i skolan var inte hög och det tog ett tag innan det lossnade.

Det var lite läskigt att redovisa muntligt men alla problem togs bort en efter en och till slut så förstod Daniella att hon var så duktig som jag sagt i alla år.

I den skolan riktar man in sig på kunskapen och inte hur man får fram den. Muntligt, skriftligt, via datorn eller med penna. Upp till eleven att välja och det är tråkigt att det inte fanns en sådan möjlighet för Christian att gå i en sådan skola.

Självklart fanns det hinder men man får vara lite påhittig och försöka så gott det går. Daniella vågade inte prata engelska och det var ju inte så lämpligt när hon skulle redovisa muntligt inför läraren. Då började vi prata engelska hemma men det genomskådade hon direkt och då slutade det med att vi skickade iväg henne två veckor till Malta på engelsk språkutbildning. Väldigt stolt att Daniella skrev A på nationella provet i engelska trots att hon aldrig hade glosförhör. Det går alltså att göra på andra sätt än de traditionella.

Om man inte läser får man inte ett bra ordförråd. Jodå - men du får vara boken och jobba med orden. Se till att skaffa Legimus via biblioteket för det är lika fint att lyssna med öronen som att läsa med ögonen. Lika stolt att Daniella skrev A på nationella provet i svenska trots att hon var 13 år gammal första gången hon öppnade en bok och läste. Som sagt - det går men gör på ett annat sätt.

Utsätt aldrig barnet för något som känns som ett obehag. Daniella insåg själv ganska snabbt att hon inte skulle klara av moderna språk (spanska). Jag kan inte förklara varför hon kan engelska och svenska med högsta betyg men efter halva terminen i spanska kunde hon knappt ett ord trots att vi släpade hem storasyster som är ett språkgeni och som pratar flytande spanska. Då var det bara att ta bort ämnet så Daniella hade 16 ämnen mot de övrigas 17 ämnen. Men tänk er för. Detta går bara att göra om de övriga betygen är så pass höga att intagningen till gymnasiet inte påverkas.

Sen kommer jag heller aldrig att förstå att Daniella valde att testa italienska under ett år i gymnasiet och fick högsta betyg där. Som sagt är det inte alltid lätt att veta vad som fungerar eller inte.

Skyhöga betyg som överträffade mina förväntningar innebar att alla gymnasieval hon var intresserad av stod öppen men här gällde det att vara smart. Alla gymnasieskolor informerar om deras förträfflighet under öppet hus men vi gick direkt på specialläraren och/eller specialpedagogen. Det var av yttersta vikt att Daniella skulle känna att det klickade. Detta gjorde att tre gymnasium avfärdade vi direkt. Sen kom jag på att man kunde utvidga sökområdet och då hoppade YBC i Nacka upp i listan. Vi åkte dit och vi blev bägge två helt sålda på konceptet med kreativitet. Men skulle det fungera med den pedagog de hade? Ja det svaret fick vi på ett par sekunder och sen var det ingen tvekan om att Young Business Creatives skulle få äran att ha min dotter där i tre års tid.

Jag blev otroligt glad efter första utvecklingssamtalet med Daniellas nya mentor Glenn Juhlin. Efter min förklaring om hur grav dyslexi Daniella har blev svaret att Glenn inte var van med att ha en så pass grav dyslektiker som elev men att han skulle tillsammans med Daniella hitta ett bra sätt att arbeta på. Det är allt man som förälder vill höra.

Självklart så förstår jag att en skola eller en lärare inte vet exakt hur just Daniella fungerar eller vilket behov av stöd just hon behöver men att bara få höra att man är öppen för att försöka gör att man känner stor lättnad.

Är jag lika besvärlig som mamma för YBC? Frågar ni mig så svarar jag nej men frågar man dem i skolan så himlar de nog med ögonen. Svårt att få ränderna att gå ur men som förälder är jag tacksam för att både högstadiet och gymnasiet blev fullträffar.

Daniella hade tur på det viset att jag hade gjort den här resan med storebror Christian. Jag visste exakt vad som behövdes göras för att hon skulle klara skolan. Sammanlagt har jag studerat med dyslektiska barn i över 23 års tid men jag hade önskat att år 1995 fanns möjligheten att köpa läxhjälp av en dyslektisk elev som kunde informerat både mig och Christian om hur vi skulle göra.

Jag och mamma

Kapitel 3 - Vad är dyslexi?

I det här kapitlet ska jag gå in på vad dyslexi är på detaljnivå. Det vill säga vad som faktiskt händer i hjärnan och kroppen. Jag kommer därför inte att kontrollera om du hoppar över detta kapitel. Detta är nämligen ett mycket känsligt ämne för vissa.

Det är alltid viktigt att komma ihåg att alla har olika diagnoser och att alla människor är olika. Ett exempel är att en person med diagnosen dyslexi kan ha problem med stavning men inte läsning eller tvärtom.

Dyslexi är ärftligt vilket är anledningen till varför det är vanligt att alla syskon i en familj har dyslexi (som med mig, min bror och vår storasyster). Har du själv dyslexi och planerar att skaffa barn blunda inte för ärftligheten utan gör en utredning för barnet så tidigt som möjligt och om du redan har ett barn med dyslexi utred även hans eller hennes syskon.

Det är nämligen mycket viktigt för barnets utveckling att du och barnet använder er av rätt inlärningstekniker.

Dyslexi är dock vanligare än vad de flesta tror. Man säger att var femte person har dyslexi, men den riktiga frågan är hur grav (hur mycket) dyslexi personen i fråga har. När man sitter hos logopeden kommer hen troligen beskriva hur man mäter dyslexi på en skala mellan ett och tio, där ett är mycket grav dyslexi och tio är det vi i min familj kallar ordblindhet som att vända någon bokstav men som självklart fortfarande är dyslexi. Personligen ligger jag på 1,5 och min bror på 1 och som lillasyster är det min uppgift att påminna honom om de där 0,5 så ofta jag kan.

Många tror att dyslexi har att göra med att man ser ord baklänges. Som exempelvis att b blir d och tvärt om eller att när vi läser ser vi ordet Paris som siraP men detta är mycket mer komplicerat än det.

Det stämmer att många dyslektiker har problem att skilja på b och d men inte hela sanningen.

Det händer ofta att när jag räknar matte kan 29 bli till 92, så det stämmer att man som dyslektiker kan se ord eller tal baklänges men det är bara toppen på isberget.

Problemet med dyslexi ligger inte i hur vi ser orden utan hur vi manipulerar dem i hjärnan. Troligen har du fått detta beskrivet som avkodning.

Martin Ingvar förklarar den dyslektiska hjärnan så här. Hjärnan är indelad i två hjärnhalvor, den vänstra hjärnhalvan styr i stort sett alla funktioner kopplade till språk, logic och matte. Den högra hjärnhalvan styr kreativitet, musik, m.m. Som dyslektiker förlitar vi oss mer på den högra hjärnhalvan och frontal loben. Det betyder därför att det tar längre tid för en person med dyslexi att bearbeta text eftersom att informationen måste ta sig från den högra till den vänstra delen av hjärnan. Mellan hjärnan finns det nerver som transporterar information mellan hjärnhalvorna.

Enligt den kulturella hjärnan har forskare vid scanning och dokumentering av hjärnornas arbetsprocess sett att personer med dyslexi har mindre strukturerade nervtrådar och att det därför är svårare för informationen att transportera sig mellan hjärnhalvorna.

Att läsa är mer än att bara se bokstäver och förstå vad de betyder, varje gång vi läser registrerar sinnescellerna i våra ögon specifika tecken (I vårt fall bokstäver men det kan även vara exempelvis kinesiska/japanska tecken). Denna registrering skickas vidare genom hjärnan med hjälp av elektriska impulser till det bakre synområdet.

Härifrån tar registreringen till det bakre ordform området, gyrus angularis som har uppgiften att överföra/manipulera den visuella informationen till Wernickes område.

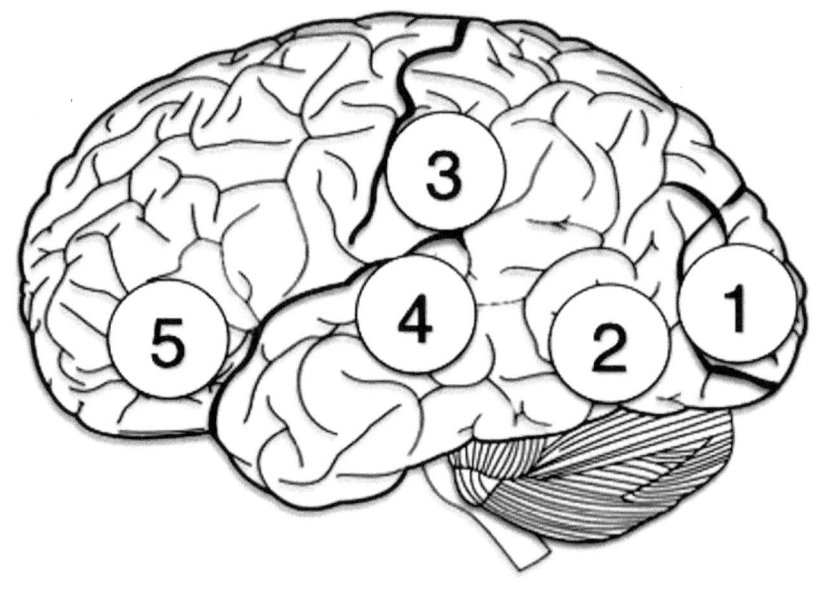

1. Synområdet
2. Ordforms området
3. Gyrus angularis
4. Wernickes område
5. Brocas område

Det är dessa två områden som inte aktiveras korrekt vid läsning om man har dyslexi.

Wernickes område är tillsammans med Brocas område de två delar av hjärnan som är kopplade till tal.

Wernickes område är specialiserat på förståelse av skriftligt och muntligt språk.

Man kan enkelt beskriva det som att det är den delen av hjärnan som ger de skriftliga orden vi sett på pappret en mening, du förstår därför inte vad som står på pappret förrän det registreras i Wernickes område.

Brocas område sitter den främre vänstra delen av hjärnan (pannloben) och är den delen av hjärnan vars huvudfunktion är att producera och förstå språk. Främst när vi talar men även när vi läser.

Hos personer med dyslexi är Brocas område även aktiverat i den högra sidan av pannloben. Men denna aktivering beror på svårighetsgraden av läsning. En enklare uppgift leder till högre aktivitet jämfört med en person utan dyslexi, men en svårare uppgift leder till att aktiviteten faller i Brocas område.

Nu när du har läst denna invecklade texten är du antigen ett steg närmare till att bli neurolog eller helt enkelt bara förvirrad. Se det istället som att det finns olika delar av hjärnan som arbetar tillsammans och det är kommunikationen av dessa som tar lite längre tid då de måste ta en annan väg.

En annan del av dyslexi är att man har ett nedsatt korttidsminne. Med korttidsminne menas den informationen en person kan hålla aktivt i medvetandet under en kortare tid. Du kan testa detta själv om du läser orden: hår, boll, flaska och sedan stänger boken, du kommer troligen att komma ihåg det.
Men om du tar orden hår, boll, flaska, mobil, stol, äpple, blomma, bil, stege, robot, glass, penna, filt, staket och sedan stänger boken

kommer du troligen ha svårare att komma ihåg alla orden, om du inte använder utav olika metoder. Det här använder du ofta under en vanlig dag som när du ska komma ihåg ett telefonnummer eller en persons namn.

Det nedsatta korttidsminnet drabbar dyslektikers resultat på läsförståelse och hörförståelse prov. Om du ber en dyslektiker att läsa/lyssna på en text och sedan svara på frågor baserade på texten kan det bli en helt orimlig uppgift. Inte för att de inte förstår vad som står eller ha sagts utan för att de inte minns informationen.

Detta leder till att exempelvis hörförståelse på engelska nationella kan bli ett sådana stort problem. Om jag ser till mig själv har jag alltid en liten klump i magen när det kommer till dessa hörförståelse prov. Jag har inga problem när det kommer till att förstå engelska varken skriven eller talad. Jag uppfattar allt som sägs på banden men när ljudet stängts av och jag ska börja svara på frågorna kan jag inte längre minnas vad som tidigare sagts. Dessvärre återkommer detta under hela skolgången och blir alltid en jobbig situation för eleven. Speciellt när det är en stor del i de nationella proven i två olika ämnen. Dock påverkar det inte elevernas läs- eller hörförståelse.

Jag har upplevt att det inte finns många personer som förstår sig på den här delen av dyslexi. En gång försökte jag förklara den här delen av min diagnos för en lärare och hon sa rätt upp i mitt ansikte att hon inte trodde på mig. Det tråkiga var att detta var enbart två veckor innan denna bok skrevs så trots att jag är öppen och informerar mina lärare om mina problem och vad jag behöver för att klara skolgången så möts man ändå av okunskap och förnekelse.

När vi dyslektiker med nedsatt kortids minne vet att vi måste minnas något har vi inget annat val än att skriva ned det. Vilket för min del leder till att jag altid måste avsluta veckan med att tömma byxor och väskor från ett tjugotal papperslappar.

Att lära sig ett nytt språk blir därför oerhört svårt då man måste lagra nya ord i korttidsminnet. Vissa ord tar sig till långtidsminnet eftersom att de repeteras om och om igen tills du kan ordet.

När man sedan även har en nedsatt minnesförmåga i långtidsminnet tar det även längre tid att koppla ihop de ord man läser till äldre lagrade ord.

Därför måste jag vissa dagar fråga mig själv "Är det något som faktiskt stannar i minnet?".

Du kan ju tänka dig hur det går för mig på ett hörförståelseprov där man inte kan gå igenom texten hur många gånger man vill, nej man får höra det en gång och sedan gäller det att komma ihåg så mycket du kan i korttidsminnet och sedan försöka svara på frågorna. I mitt fall har jag 30 procent minnesbortfall så det är inte mycket av informationen som stannar där den ska vara.

Sist vill jag förklara hur hjärnan ser ut i några korta ord. Enligt Martin Ingvar är hjärnan hos en person utan dyslexi asymmetrisk det vill säga att de två hjärnhalvorna är olika stora men en person med dyslexi har en symmetrisk hjärna och det är tack vare den ökade aktiviteten i Brocas område. Men naturen hittar alltid sätt att hitta jämvikt och därför kompenserar sig hjärnan där det behövs.

Om man har dyslexi är detaljer oftast mycket ansträngande. Eftersom våra hjärnor måste anstränga sig extra mycket när vi läser och

skriver, måste vi arbeta hårdare, mycket
hårdare.

För ungefär två år sedan fick jag en intensiv
huvudvärk och det kändes som att jag hade
horn som långsamt växte fram i pannan. Jag
var väldigt rädd och fattade ingenting tills jag
lyckades efter månader av sökning på internet
(p.s googla aldrig symptom på internet) hitta
svaret.

Förutom att jag hade alla symptomer för
galopperande elefant sjukan, så fann jag även
att eftersom att dyslektiker måste överarbeta
sina hjärnor så får de mycket intensiv
huvudvärk om de överanstränger sig t.ex.
genom att läsa eller skriva.

Eftersom dyslektiker ser så många olika
perspektiv samtidigt kan vi ses som
osammanhängande i konversationer. Tänk dig
att du och jag har ett samtal. Då har jag fullt
fokus på vårt samtal men samtidigt tänker jag
på allt annat och en tanke leder till en annan.

Tillslut måste man säga sina tankar högt troligen av rädslan att man ska glömma bort den innan samtals ämnet har ändrats.

Alla dyslektiker ser på det här med läsning olika. Föreställ dig att läsa en bok genom ett förstoringsglas som ett barn håller i eller att bokstäverna "simmar" på sidan eller att bokstäverna "hoppar". Troligen kommer du få olika svar beroende på vem du frågar.
Jag kan föreställa mig att de flesta av oss ser något liknande men att det är ytterst svårt att förklara hur det verkligen fungerar.
Det är viktigt att förstå att trots att dyslexi är en form av funktionsnedsättning så påverkar den inte intelligensen alls. Oftast är det så att folk med dyslexi kan ses som intelligentare än andra då man som dyslektiker måste tänka "utanför lådan", vara kreativ och alltid ligga ett steg före i skolarbetet. Men det finns ingen koppling mellan att vara ett geni och att ha dyslexi.

Som Albert Einstein en gång sa:
"Everybody is a genius. But if you judge a fish by its ability to climb a tree, it will live its whole life believing that it is stupid"

När jag pratar med barn och föräldrar som nyligen har fått sin diagnos brukar jag säga att självförtroende är det viktigaste som finns för alla men speciellt för en dyslektiker.

Det är också väldigt viktigt att förstå att det finns absolut ingenting fel med att vara dyslektiker och det är definitivt ingenting att skämmas över, Jag har nästan alltid varit mycket öppen med att jag har dyslexi och alla jag har berättat för har varit helt okej med det, men jag kan tyvärr inte garantera att alla kommer att ta det bra.

På Hjärnfondens hemsida säger dyslexi forskaren Gayathri Chandrasekar

"Jag arbetar i professor Juha Keres grupp som är en av de ledande grupperna inom dyslexi genetik. Dyslexi är en genetisk

65

sjukdom som påverkar läsning, skrivning och inlärningsförmåga hos barn.

Trots att många framsteg har gjorts att förstå dyslexi och hur de molekylära mekanismer som leder till utvecklingen av dyslexi fungerar är det fortfarande inte helt klarlagd.

Jag tror att en fördjupad studie inom området är viktigt för att kunna identifiera problemet ganska tidigt hos barn och även för att utveckla nya behandlingsstrategier."

Det vill säga att det krävs kunskap för att alla ska förstå sig på oss dyslektiker, och det är inte bara kunskaper inom sjukvården men även hos lärare, föräldrar och klasskamrater.

Jag kan inte berätta om hur det känns att vara mobbad på grund av sin diagnos, för jag har aldrig blivit det.

Men tyvärr är det ett känt faktum att det förekommer, förutom det måste vi även stå ut med oförståelse, utmattning, stress, oro och mycket mer.

För att beskriva dyslexi mer lättsamt och för exempelvis någon som är lite yngre kan vi säga så här: Tänk dig att du ska springa ett lopp, alla står super laddade och du känner dig ganska taggad trotts att du inte tränat något innan. Precis innan startskottet kommer en person ur personalen och ger dig en tung låda på minst 20 kg. Du får sedan veta att just du och ingen annan måste springa hela loppet med denna tunga låda.

Startskottet går och du börjar springa med den tunga lådan men märker bara minuterna in på loppet att alla andra springer om dig. Du fortsätter springa allt du kan och du är helt klibbig av svett. Bakom dig hörs det ett lågt bullrande ljud som blir höge och högre. När du vänder dig om ser du att det är de andra löparna som är påväg att springa om dig ännu en gång vilket de gör.

I högtalarna medelas det att vinnaren redan kommit i mål och du är fortfarande på ditt första runda. Tillslut kommer du i mål och får slänga av dig lådan men skadan är redan gjord och du känner dig värdelös för att du kom sist och så långt efter alla andra.

Nästa medelande som hörs i högtalarna är att nästa lopp snart ska börja, så du plockar upp lådan igen och går mot nästa löparbana. På vägen dit träffar du på en vänlig gammal dam som ser din låda och hon förklarar att du har rätt att få hjälp med lådan så hon ger dig fyra helium ballonger att knyta runt de översta kanterna på lådan. Direkt blir lådan lättare och du kan inte ens känna att den är där.

Nu går start skottet och du börjar springa. I början springer du jäms med alla de andra löparna men efter det andra varvet börjar du märka att alla andra ännu en gång springer om dig. När vinnaren meddelades var du bara några meter ifrån mållinjen och kommer ännu en gång sist.

Du funderar på varför du kom sist och börjar skylla på lådan trots att du vet att den inte var ett hinder den här gången. Det är då du inser att du aldrig tränade inför loppet.

För att förbereda dig inför nästa lopp börjar du värma upp och strecha.

Tredje gången gillt ställer du dig på mållinjen, för tredje gången idag går startskottet och du är iväg. Du springen jäms med alla andra och när vinnaren av loppet ropas ut i högtalarna är det ditt namn de ropar.

Med denna historia vill jag säga att Dyslexi är ett hinder precis som lådan men egentligen bara om vi jämför dyslektiker med alla andra. För tillslut får de uppgiften gjord, det tar bara längre tid. När de sedan får hjälpmedel för att dämpa effekterna av dyslexi får de egentligen bara samma förutsättningar som alla andra. För trots hjälpmedel måste man ändå plugga.

Med det sagt vill jag att du ska förstå att dyslexi inte bara är problem med att läsa, skriva och inlärning utan det är så mycket mer komplext. Det finns därför inga quick fix lösningar på problemet trots att man skulle vilja det.

Det finns tå inställningar, antingen skyller man på dyslexin och ser det som en anledning att ge upp redan innan de försökt. Andra ser det istället som en anledning att kämpa mer.

Mitt motto är därför "Dyslexi är inte en ursäkt att göra inget, det är en anledning att göra mer"

Kapitel 4 - Styrkor

De som inte vill framhäva den biologiska anledningen till dyslexi brukar oftast prata om dyslektikers styrkor eller superkrafter. Det stämmer mycket väl att dyslexi inte är som så många tror en förbannelse utan även en välsignelse.

En dyslektikers kreativa tänkande leder ofta till "utanför lådan" ideer. Dyslektiker har en större förmåga att tänka i olika perspektiv och att lättare förstå sig på helheten istället för detaljerna. På detta sätt kan man därför hitta lösningar som de flesta inte ser.

"Om vi tittar på de högsta nivåerna inom vilken disciplin som helst så ser vi att dyslektiker är överrepresenterade, Vi tror att detta reflekterar dyslektikers kreativa, icke-linjära sätt att tänka utanför ramarna." sagt av läkarna Sally och Bennet Shaywitz som har skapat en modell av dyslexi som innefatta styrkor, bland annat MIND.

M - Styrkor i materiellt tänkande. En dyslektiker ser saker tredimensionellt i huvet och kan lätt föreställa sig fysiska objekts form, storlek, rörelse, position och hur de interagerar med varandra.

I - Interconnected (Sammankopplat tänkande). En förmåga att se kopplingar mellan olika saker, koncept och perspektiv.

N - Narrativt tänkande. En förmåga att lära sig från upplevelser.

D - Dynamiskt tänkande. Styrka att simulera ett scenario mentalt och välkomnar utmaningar, är uthållig när hinder uppstår, anstränga sig, hålla fast vid något, till och med när det inte går så bra för att utvecklas.

En del anser att eftersom att en dyslektiker alltid måste arbeta i uppförsbacke formar dyslexin ens personlighet.

Man lär sig att alltid ligga steget före, tänka kreativt, hitta på lösningar, alltid ge hundra procent och att alltid vara stolt över resultatet.

Alla riktigt bra egenskaper att ha i arbetslivet. Vårt mål som medmänniskor är därför att se till så att dyslektikerna får möjligheten att utveckla alla dessa fina egenskaper. Detta gynnar inte bara dyslektikerna själva men även samhället i helhet. På nätet finns det flertalet exempel på personer som säger att de antingen har blivit nekade jobb på grund av dyslexin eller inte vågar berätta det av rädslan att få avslag. Men i själva verket är det en fördel att anställa en dyslektiker, även om arbetet kräver mycket skrivande eller läsande.

Vi lever på 2000 talet och idag finns det så många olika rättstavning- och uppläsningsprogram att det inte spelar någon roll.

Författaren Carol Dweck skriver "Lärare som arbetar statiskt ser på elevernas tidigare prestationer och bestämmer vem som, kan och inte kan. Dessa lärare tror inte på förbättringar, så de försöker inte åstadkomma några. De ser på sin roll som kunskapsförmedlare. Det ger inte dyslektiker så många chanser då de tänker utanför ramarna."

Kapitel 5 - Anpassningar

De vanligaste frågorna jag får från föräldrar är
"vad ska vi göra?" men det finns egentligen
inget utformat svar på vad man ska göra men
det finns olika alternativ på vad man kan göra
för att underlätta för dyslektiker, både barn och
vuxna.

Om barnet i fråga inte har börjat skolan ännu,
var uppmärksam och utred barnet ifråga redan
innan hon/han börjar i ettan. Dagis och sexårs
klarar man av utan en diagnos men när det är
dax för barnet att börja skolan kan det vara
bra att ha en diagnos så att eleven inte får fel
intryck av skolan. Om de tappar hoppet och
intresset för skolan redan vid ung ålder är det
mycket svårt att bygga upp det igen senare i
livet. Jag fick min diagnos först i femman men
jag hade ju förmånen att ha en förälder som
hade stenkoll på allt som hände i skolan.
Så här i efterhand är både jag och mamma
överens om att jag skulle fått diagnosen

tidigare då lärarna var så pass okunniga om dyslexi.

Det viktigaste är att ha en utredning till årskurs 3 eftersom det är då alla elever stöter på det första nationella provet.

Följande kan man göra för att underlätta:

Att utforma ett åtgärdsprogram.
Med hjälp utav ett åtgärdsprogram har man som förälder ett skriftligt kontrakt på vilken anpassning eleven har rätt till. Sedan årskurs 6 har alltid min mamma och jag satt oss ner tillsammans med mentorn, svenska läraren och skolans speciallärare/pedagog för att dokumentera exakt vad jag behöver för att klara av skolan.

Det är inget krav på att ha ett skriftligt utfärdat åtgärdsprogram men du bör ändå kräva det av skolan, eftersom att det är ett bevis på vad skolan ska erbjuda för särskilt stöd eller anpassning för dyslektikern.

Eftersom ett åtgärdsprogram är individuellt beroende på vad just eleven behöver för särskilt stöd eller extra anpassning. Exempel på vad som kan stå med i ett åtgärdsprogram är hjälpmedel som Stava rex, Legimus, Smart pen, m.m, mera tid på prov och läxor.

Många lärare kan gå med på att ge elever med dyslexi mer tid under prov men de tänker inte på det faktum att dyslektiker inte bara skriver och läser långsammare under prov utan också under vanlig läxläsning eller uppsatsskrivning. Sen är det viktigt att samtliga av elevens lärare får ta del av dokumentet så att eleven aldrig möter några hinder vid tex prov eller läxinlämning.

Det är ett otroligt viktigt dokument och en stor trygghet för både föräldrar och elever. Skulle det bli några problem i skolan så är det bara att hänvisa till åtgärdsprogrammet och att skolan skriftligen har gått med på stöd och hjälp. Allt ska med i det dokumentet. Några förslag utefter hur mitt dokument ser ut:

1. Minst 30 minuter längre tid på prov.

2. Genomgång skriftligt efter lektionens slut

3. Mobil att fotografera av tavlan.

4. Uppläsning av frågor vid prov och nationella prov.

5. Gånger tabellen även vid prov.

6. Längre tid på inlämningar och läxor.(men bara ca en dag, aldrig flera veckor eller liknande)

Om du som läser det här är i behov av ett åtgärdsprogram kan du maila till: info.dysseplugg@gmail.com så kan jag maila över den mall jag använder mig av.

Det finns även på skolverket att skriva ut men jag har modifierat min för att den ska bli så pass tydlig som möjligt.

Skillnaden på särskilt stöd och extraanpassning

Extra anpassningar är stöd några enstaka gånger och inte över en längre period, exempel på detta är:

1. Ett särskilt schema över skoldagen
2. Ett undervisningsområde förklarat på annat sätt
3. Extra tydliga instruktioner
4. Stöd att sätta igång arbetet
5. Hjälp att förstå texter
6. Digitala hjälpmedel
7. Anpassade läromedel
8. Någon extra utrustning
9. Enstaka specialpedagogiska insatser.

Särskilt stöd är stöd som ges under en längre period som exempelvis:

1. Regelbunden hjälp av en speciallärare inom ett visst ämne och under en längre tid.
2. Placering i en särskild undervisningsgrupp
3. Enskild undervisning
4. Anpassad studiegång, exempel på detta är att ett ämne eller delar/flera ämnen tas bort.

Personligen skrev jag och min målsman (mamma) bort moderna språk så att jag bara hade 16 ämnen istället för 17. Detta fungerade då jag kunde höja de andra ämnena istället och på så sätt ändå få högt meritpoäng för att komma in på gymnasiet. Men har man inte höga betyg i andra ämnen är det inte något jag skulle rekommendera då ett E ändå är värt 10 poäng.

Att en förälder säger att man är duktig är bra men som barn ansåg jag att det mer eller mindre var deras jobb att säga detta. Därför vill jag uppmuntra alla Lärare som läser detta att tänka till på vad ni säger och hur ni gör.

Muta säger alla att man inte ska ge men jag skulle vilja säga motsatsen! Det finns inget bättre än mutor, om de används rätt. En elev som inte orkar och som inte har något hopp behöver mål som de kan nå.

Jag träffade en familj under Dyslexi mässan 2018 som hade detta problem med deras son. Det bästa tipset jag kunde ge dem var att börja med att sätta upp enkla mål som ni vet att han garanterat kommer att klara av och fira den framgången.

Fortsätt sedan att dra ut målen så att det blir lite svårare att nå, men inte med mycket det ska fortfarande gå att nå enkelt. Denna familj skulle ge honom ett fotbolls kort (Ingen muta bör överskrida ca 5-10 kronor annars blir det väldigt dyrt tillslut) varje gång han läst två sidor ur en bok.

Men här kommer det viktiga, det måste vara

läraren som ger ut belöningen. Det kan vara föräldrarna som fixar det hela men om läraren ger eleven detta "storslagna pris" ger det dem så mycket mer när det kommer till självförtroende. Det är lika med att se till så att läraren ger eleven beröm inför resten av klassen eller liknande.

När jag var yngre fick jag aldrig höra av en lärare att något jag gjorde var bra eller bättre på något och som det barn jag var så insåg jag att det betydde att jag inte var bra på något.

Men ibland har man som elev inte möjligheten till lärare som vill uppmuntra eller föräldrar som vill lägga tid på att hjälpa sina barn. Då måste man sätta upp egna mål, långsiktiga mål.

Jagkan berätta att om det finns en vikarie som jag minns så är det den vi hade i trean (Tror jag) Vi skulle ha matte och då sa han åt oss att plocka bort böckerna på golvet och sedan delade han ut till varje elev ett A3 papper och färgpennor. Sedan fick vi rita och skissa våra mål.

Jag kan minnas att många ritade att de ville ha en iphone. Jag minns att jag ritade mig själv i en läkar rock och vad jag gissar skulle likna ett stetoskop. Redan då var läkare en dröm och därför ser jag till att hålla hoppet uppe, plugga och nå det målet.

Så om du är Lärare varför inte planera in att göra detta med dina elever nästa vecka?, Om du är en förälder varför inte göra detta med ditt barn redan idag och om du är en elev gör detta redan nu. Hämta papper och penna och ställ dig själv frågan "Vad vill jag?" Det behöver inte vara ett yrke, du kanske drömmer om att resa jorden runt eller något liknande, det är helt upp till dig.

Kapitel 6 - Pluggtips

Svenska

Är det dax att läsa den där tjocka, långa boken i skolan igen som aldrig verkar tar slut? Då är mitt första tips att du gillar eller har någon form av intresse för bokens innehåll. Be läraren om att du får ta med dig en egen vald bok. Här nedan kommer en lista på böcker som jag gillar att läsa och som har blivit godkända av mina lärare under åren:

1. Harry Potter, De vises sten.

2. Percy Jackson, Född till hjälte.

3. Starcrossed Helena (Svenska).

4. Idolen av Meg Cabot.

5. Drömgångare.

6. Törnrosens nyckel.

7. Vampyrens medhjälpare.

Ska du skriva en bok logg eller sitta på ett boksamtal?

Ett boktips är att du äger boken eftersom att du då kan stryka under eller anteckna i boken. Dock kan det vara dyrt med böcker, det du då kan göra är att du sätter fast postit-lappar (eller bara en bit papper som du kan skriva på)på sidan och skriver vad som var intressant (eller svaret på någon fråga du fått).

Man kan även få mycket ont i huvudet av ansträngningen av att läsa mycket text, därför kan det kännas bättre att lyssna på boken.

Jag använder mig av Legimus som man kan ladda ned via både App Store och Google play store. Man kan även komma åt den via datorn (http://www.legimus.se). Du kan även låna ljudböcker på biblioteket eller betala för tjänster som storytel.

Stavningssvårighet?

Stavning är ett riktigt svårt problem för många dyslektiker.

Tyvärr finns det inte mycket att göra åt det eftersom att dyslexi är något man har hela livet men det man kan göra är att man kan använda sig av hjälpmedel som Stava Rex vilket är ett rättstavningsprogram som man får ut på recept när man gör sin utredning. Den är till stor hjälp och jag rekommenderar att du verkligen frågar din logoped om det.

Har du några ord som du använder ofta och alltid stavar fel på?

Jag stavar alltid fel på hade (Jag skriver hadde), använda (Jag skriver Andvända) och många andra ord. Det jag gjorde var att jag ändrade mitt lösenord till mobilen till Hade Använda så varenda gång jag ville komma in på mobilen var jag tvungen att stava rätt och nu har det blivit inbränt och jag stavar nästan aldrig fel på de orden igen.

Engelska

Samma boktips som för svenskan gäller här men jag skriver en ny boktips lista:

1. Harry Potter and the philosopher's stone
2. Percy Jackson and the lightning thief
3. The mortal instruments, city of bones
4. Matched
5. Vampire academy

Det finns även stavningsprogram till engelska som t.ex. Spellright. Även detta kan du få av din logoped vid utredningen.

Det är bra om man pratar mycket engelska hemma och försöker vänja sig vid den talade engelskan. Det är viktigt att man som målsman hjälper med svåra ord och uppmuntrar till att prata. Det är nämligen viktigare att kunna prata engelska än skriva i det verkliga livet.

Min mamma skickade iväg mig på språkresa och jag kan ju säga att jag lärde mig inga nya ord men jag lärde mig att våga prata, nu har inte alla råd så det är absolut inte ett måste.

Jobbigt med glosor? Det du kan göra när du får glosor är att:

1. Du kan rita bilder bredvid varje engelsk glosa som påminner om hur ordet låter t.ex. Brain (Hjärna) då skulle jag rita en tumme upp och en pil som går ned i en låda.

Men man behöver absolut inte vara bra på att rita det viktiga är att du förstår vad du har ritat. Här arbetar vi med att skapa personliga associationer, därför är det viktigt att man tar det första man tänker på och att man inte sitter och funderar. Det första din hjärna kommer att tänka är den du kommer att minnas längst.

På det här sättet kan du lära dig stavningen av orden. Tänk på att tipset bara fungerar om du lärt dig vad ordet betyder. Det hjälper alltså inte för att lära dig översätta orden. Man kan även göra dessa och sedan kan du associera bilderna till ordet men det fungerar inte med alla ord.

2. För att kunna lära sig översätta glosorna till och från svenska gäller det att traggla in dem. Plugga lite varje dag och det är viktigt att man tar pauser. Så plugga 10 min ta 5 min paus, plugga 15 min ta 5 min paus, plugga 20 min ta 5 min paus. Sedan avslutar du och så går du och gör något annat. Repetera detta ända fram till läxdagen. Det är bättre att plugga lite varje dag istället för dagen innan provet eftersom att det då sätter sig i långtidsminnet.

3. Det du kan göra för att lära dig vad orden betyder är att spela memory med orden eftersom att du måste veta vad orden betyder för att kunna para ihop orden.

Se till att personen du spelar med bara hjälper dig de första två gångerna och sedan får du se till att försöka klura ut det själv. På så sätt får du först chansen att lära dig orden och sedan tänka ut orden själv.

4. Ha glosorna inlästa på din mobil. På så sätt kan du öva vart som helst och du kan lyssna på orden istället för att behöva läsa dem. Lyssna på dem på bussen, hemma, träningen eller medan du tragglar glosorna även på papper. Då får du två intryck både från hörseln och synen och du har större chans att komma ihåg orden.

5. Om du tycker att det absolut inte går med glosor och du har försökt med alla möjliga knep men du kan inte komma ihåg orden, prata med din lärare om en kompromiss. När

jag pratade med min lärare kom vi fram till att jag skulle läsa engelska böcker istället och rapportera vilka nya ord jag lärt mig.

Matematik

Jag har mycket problem med matte. jag tycker det är svårt och oftast känns det som att lärarna lär ut på en lägre nivå än vad själva provet ligger på. En av mina klasskamrater sa en gång till min nya matte lärare att "Du låter oss bygga en bil som går 70km/h och förväntar dig sedan att vi ska ställa upp med den på en formel 1 bana". Ibland kan det stämma men ibland kan det vara så att man tycker att man är sämre än vad man faktiskt är.

Ett vanlig problem med matte brukar vara text/ problemlösnings frågorna. I mina ögon är de helt onödigt med text frågor när det kommer till matte. Ta exempelvis: "På skolgården finns det fem killar med gröna tröjor och fyra tjejer med blåa tröjor hur många barn finns det på skolgården?" Det finns alldeles för mycket onödig information där som egentligen bara krånglar till frågan.

Jag frågade därför min mattelärare i nian varför man måste ha den här sortens frågor. Han svarade att det står i deras läroplan att uppgifterna ska vara formade för att förbereda eleverna för livet utanför skola. Det betyder att vi tyvärr inte kan komma från frågan därför lär jag mina elever att göra följande:

"På skolgården finns det <u>fem</u> killar med gröna tröjor och <u>fyra</u> tjejer med blåa tröjor. <u>Hur många barn finns det totalt</u> på skolgården?

1. Börja med att stryka under alla siffror du hittar utan att läsa själva frågan.

2. Stryk sedan under vad de frågar efter. Utifrån dessa understrukna ord kan vi få fram att den riktiga frågan är 5+4=?. Om du är osäker på vad frågan är läs allt men stryk ändå under alla siffrorna så att du inte tappar bord någon.

Det första jag skulle rekommendera är att prata med matte läraren. Detta gäller alla ämnen om det har hänt en orättvisa. Jag hade en mattelärare som jag var livrädd för men efter att jag pratat ut med honom förstod jag att han inte var så läskig och det gick plötsligt bra för mig på matten. Men om läraren inte vill lyssna (som vikarierande matteläraren i första året i gymnasiet) då måste man gå till högre makter.

Först om du har en mentor eller baslärare prata med henne/honom. Om du inte har någon sådan lärare då skulle jag rekommendera att maila till din skolas rektor.

Jag vet att man mår dåligt i både kropp och själ när man sitter på provet och det känns som att man inte förstår, så det är bättre att berätta för någon istället för att lida.

Det finns en riktigt bra hemsida som heter Matteboken.se där kan man få väldigt bra hjälp i form av att man kan göra små prov där man kan kontrollera sig själv.

Det är baserat på vilken årskurs man går i så man får rätt frågor till din egen nivå. Multiplikationstabellen kan vara en riktigt hård nöt att knäcka. Jag är snart 18 år och jag kan erkänna att jag inte kan den. Men det finns lite knep även här som man kan försöka med:

Den vanliga metoden är att öva lite varje dag i form av att antingen säga eller skriva ned multiplikationstabellen. Glöm inte att man måste ta pauser. Precis som när man pluggar glosor är det bra om man plugga 10 min ta 5 min paus, plugga 15 min ta 5 min paus, plugga 20 min ta 5 min paus. Sedan avslutar du och så går du och gör något annat. Repetera detta ända fram till läx- eller provdagen. Det är bättre att plugga lite varje dag istället för dagen innan provet eftersom att det då sätter sig i långtidsminnet.

Du har rätt till att ha en lathund med dig till prov men jag skulle ändå rekommendera att du försöker plugga in den (se lathunden som en sista utväg).

Om du nu får talet 7×6 så kollar man först på den översta raden letar efter 7 och sedan tar du raden till vänster och letar upp 6.

Där de två talen möts är svaret, och som man kan se här är det 42.

	1	2	3	4	5	6	7	8	9	10
1	1	2	3	4	5	6	7	8	9	10
2	2	4	6	8	10	12	14	16	18	20
3	3	6	9	12	15	18	21	24	27	30
4	4	8	12	16	20	24	28	32	36	40
5	5	10	15	20	25	30	35	40	45	50
6	6	12	18	24	30	36	42	48	54	60
7	7	14	21	28	35	42	49	56	63	70
8	8	16	24	32	40	48	56	64	72	80
9	9	18	27	36	45	54	63	72	81	90
10	10	20	30	40	50	60	70	80	90	100

Med det finns även andra tanke sätt beroende på vilken gånger tabell du vill räkna. För ettans tabell kan du tänka att allt gånger ett blir grundtalet.

$1 \times 1 = 1$
$1 \times 2 = 2$
$1 \times 31563 = 31563$

Tvåans gånger tabell kan man tänka att man tar talet man multiplicerar med två plus sig själv.

```
2x3=6
(3+3=6)
2x 500= 1 000
(500+500= 1 000)
```

femman gånger tabell kan man tänka det talet du multiplicerar med fem, multiplicerar du med tio och sedan delar du med två.

```
5x4=20
(4x10=40
40/2=20)
```

För nians gånger tabell kan man göra finger tricket.

Vänd upp händerna så att du tittar på dina handflator. Varje finger är en siffra mellan ett och tio. Tummen på den vänstra handen är ett och tummen på den högra handen är tio. Om du böjer ned det finger du multiplicerar med

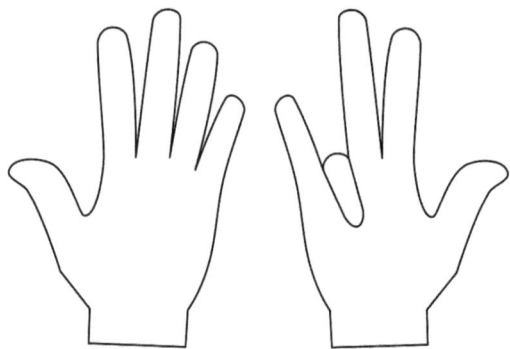

nio får du talet direkt. Exempelvis **9x7=63**
Innan det finger du viker ned står det sex och
efter står det tre därför blir svaret 63.

Tyvärr finns det inte något tanke sätt för
trean, fyran, sexan, sjuan eller åttans gånger
tabell.

Men min pappa lyckades lära mig fyrans
ändå. Den är nämligen logisk. Om man tittar
på fyrans tabell kan man se att den följer ett
mönster.
4, 8, 12, 16, 20, 24, 28, 32, 36, 40.
Som vi kan se, efter tjugo börjar serien om
igen.

Tre säkra sätt att påbörja en text.
Det här gäller för alla texter uppsatser,
rapporter eller som idag böcker.

1.Historien bakom ämnet.
Lärare och läsare får det första intrycket av
texten genom inledningen. genom att göra lite
efterforskning om ämnet och visa historia och
statistik får man intrycket av att personen som
skriver kan sin sak. Oftast går resten smidigt
till en utveckling därifrån genom att använda
"den stora skolregeln".

Ex. "Det som inte dödar dig ska göra dig
starkare, om vi inte talar om ett ämne som
långsamt förstör din kropp inifrån och leder i
många fall till en smärtsam död.

De första som införde idén om ett
systembolag var bergsmännen som fått nog
av att gruvarbetarna var konstant påverkade
under arbetstimmarna, dödsfallen blev många
och ersättningen till änkorna började bli en för
stor kostnad (Systembolaget u.å.). Detta

startade i Falun och sakta men säkert spred det sig i hela landet fram tills det landade i händerna på Harry Älmeby som var det vi idag känner igen som Systembolagets första VD.
- Inledning till min uppsats om CSR.

2. Drama

Som ni kan se i exemplet ovan är det också ett bra sett att starta texten med drama. Det behöver inte vara känslor då de flesta vetenskapliga texter ska vara helt utan känslor men drama binder läsare och gör att de vill läsa mer.

Död -> Liv
Katastrofer -> Mirakel
Undergång -> Överlevnad
är sådant jag märkt är lättast att använda till alla sorters texter och ämnen. Genom att ha en negativ start får man en bra möjlighet att skriva texten positiv gradvis för att sedan sluta på motsatsen till inledningen och där genom "Knyta ihop säcken".

3. Citera!

Påbörja texten genom ett citat från en bok, en föreläsare eller en lärare. Citat är oftast lätta att reflektera kring och baserat på hur kreativ du är så kan man hitta allt möjligt i ett citat. Detta skapar både känslor kring texten men också en illusion om att författaren har gjort sin efterforskning.

Ex. "According to Lyubomirsky (2014) wealthy countries have happier citizens that nations that has an atrocious economy. This is because countries with financial stability have outstanding opportunities for better rights, such as democracy and healthcare.

On the other hand Howell (2013) writes that since the year 1950 the US economy was grown rapidly and big parts of the population has received a three-folded income, but notwithstanding this, the country it not happier.

- Inledning till min engelska uppsats om hur pengar kan skapa glädje.

Den gyllene regeln för att svara på frågor.
"Svara så att det som läser/rättar förstår
frågan" Genom att göra detta kan man se sitt
svar som ett automatiskt E.

Exempelvis för frågan Hur gammal blir Anna?:
F - 13

E - Anna blir 13 år.

C - Anna fyller tretton år den fjortonde januari,
detta inträffar fem veckor in i bokens tidslinje.
"Jag fyller tretton om fem veckor, den fjortonde
januari".

A - I boken beskrivs det att Anna fyller tretton
år den fjortonde januari, detta inträffar om fem
veckor i bokens tidslinje. "Jag fyller tretton om
fem veckor, den fjortonde januari"., (Sid1,

Boken Anna fyller år).
Detta betyder att det är en månader kvar till
hennes födelsedags fest. Här kan vi även

finna svaret på varför Anna mår så dåligt av att välja vilka som ska komma på hennes födelsedag. Det är eftersom att hon inte har så mycket tid kvar att bestämma sig.

När det kommer till studie teknik är dessa mina främsta tips:

Städat skrivbord
Många av oss med dyslexi och de utan har väldigt lätt för att bli distraherad. Många av oss är som jag, d.v.s Börjar leka med något annat om jag hittar det liggandes på mitt skrivbord istället för att studera. Det bästa sättet att undvika detta är genom att börja varje studie timme med att städa undan allt från skrivbordet som inte kommer att behövas för att plugga.

Lyssna på musik, Ej text eller video.
Att lyssna på musik när man pluggar tycker jag hjälper koncentrationen men inte om det är en låt med text. Det blir mycket enkelt att börja lysna på texten och kanske även sjunga med. Detta gör det svårare att både läsa och skriva samt memorera.

Använd alla sinnen (Ex. lukt, syn och hörsel)

Genom att använda flera sinnen är det lättare att minnas dem. Om man tar exempelvis matte kan man göra som jag och koppla det till apelsin. När jag studerar matte äter jag en apelsin vilket gör att jag samtidigt känner lukten av den sedan genom att använda apelsinen i alla exempel kopplar jag även in sysen. På provet sedan tar jag med mig apelsinen och där med återkopplar minnet. Det hjälper möjligtvis inte alla men det är altid värt att testa.

Färgkoda med överstrykningspenna.

Dela upp texten med olika färger för att enklare läsa och minnas den. En hel text kan bli mycket lång och överväldigande därför kan det underlätta att dela upp texten i olika färger så att de inte flyter samma. Den enklaste tekniken är att dela in varje stycke individuellt.

Skriv först på papper sedan dator.

Genom att börja med att skriva för hand lagrar du texten i minnet en första gång samt att du får in känslan av att skriva ordet. När du

sedan skriver texten en andra gång får du
möjligheten att för det första repetera texten
samt möjligheten att göra förändringar i det
sista utkastet.

Diskutera ämnet djupgående
Då hjärnan arbetar snabbare än vi kan prata
är det lätt att man tappar vissa detaljer. Därför
kan man lösa uppgifter enklare genom att
säga dem högt. Detta kallas för "Rubber Duck
Debugging" inom kodar världen.

Rubber Duck Bebuggning går ut på att man
pratar med badanka och förklarar alla problem
för den. Tanken är då att man ska skapa ett
mer djupgående samtal och därmed finna
problemet eller lära sig något snabbare.

Kapitel 7 - Nej tack, jag vill inte doktorera

I åk 3 var min storebror Christian på kollo och skickade hem ett vykort. Det skulle samtliga göra och tala om allt roligt de varit med om osv. Fanns inte ett enda ord på det vykortet som gick att förstå och när man frågade när han kom hem vad det stod på vykortet så kunde han inte själv läsa det. Där började kampen om att få till en diagnos och framförallt underlätta för Christian för det stod klart att han hade stora problem i skolan. Han hatade skolan och det är förståeligt då han varken kunde läsa eller skriva och han fick absolut ingen hjälp från skolan.

Största besvikelsen var att det inte fanns någon lärare eller pedagog med kunskap att hjälpa honom. Christian bodde med sin mamma och var hos oss varannan helg med det beslutades senare att han skulle bo hos oss och min mamma (som då är Christians styvmor) skulle ta över allt ansvar med skolarbetet.

Självklart gjorde Christians mamma och pappa allt de kunde för honom men mamma älskar ju allt som har med läxor att göra så det var nog det lämpligaste att hon fick ta över.

Att plugga på kvällarna är inte alltid hysteriskt roligt och har man dyslexi så måste man tyvärr ägna väldigt många extra timmar åt det. Min bror utvecklade en god förmåga att rinna av stolen och lägga sig på golvet när han tyckte det blev för tråkigt, men mamma var inte sämre än att hon la sig ner och fortsatte där. Till slut så insåg väl Christian att det kanske inte var så dumt att studera för det började ge resultat.

Det ansvaret att plugga med Christian slutade först på universitetsnivå då mammas kunskaper inom industriell industri är rätt sorgliga och för mig är det tacksamt för de uppfann som sagt var ett hjul som var färdigt när det var min tur att börja skolan.

Att bara komma upp på morgonen och gå iväg till skolan när man vet om att man inte kan läsa som andra eller skriva som andra och sedan får man absolut inget gehör när man försöker få hjälp, det måste vara oerhört frustrerande för alla i en familj men framförallt måste det göra ont i magen på den eleven att konstant känna sig sämre än alla andra.

En händelse år 1995 har för alltid ristat in sig i min mamma och det var när hon hämtade Christian i skolan för att han och min äldre syster Emmelie (jag var ännu inte född) skulle få följa med på bröllopsresan. Inför hela klassen börjar lärarinnan stapla bok på bok i Christians famn medan hon högt och klart berättade att det fanns inte nog med böcker att ge till honom för han var ändå ett hopplöst fall och skulle inte klara sig här i livet utan hamna utanför samhällets kant.

"Jag frös ända in i märgen", brukar mamma berätta.

Otur för den lärarinnan så var det min mamma som var med för hon tog bunten med böckerna, släppte ner den på golvet och släpade in lärarinnan till rektorn. Självklart fick lärarinnan be Christian om ursäkt "högt och klart" men för min mamma räckte inte det utan hon gav sig inte förrän den lärarinnan blev prickad för olämpligt beteende.

Det var så underbart när även Christians mamma gifte sig och flyttade till Sollentuna för då kunde Christian byta skola och när det bestämdes att Christian skulle bo med oss i Farsta så skjutsades han ändå till Sollentuna för den skolan hade resurser och kunskaper inom dyslexi och för Christian blev det ett bevis på att han inte var dum i huvudet utan tvärtom som de flesta dyslektiker, ovanligt begåvade för trots allt de har emot sig så övervinner de problemen och löser dem.

Marie Backlund i Helenelundsskolan var den första läraren som hade kunskaper om dyslexi och var en stor bidragande orsak till att Christian sakta men säkert fick självförtroende i skolan och med det hårda arbete som lades ner på kvällarna med att plugga så höjdes betygen i samma takt.

Betygen seglade som sagt var upp och det var inget problem för Christian att komma i på mediaprogrammet i gymnasiet. Vid den här tiden fanns det inte så många digitala hjälpmedel utan mamma fick läsa upp alla läxor och hon anser sig än idag vara bäst av oss alla på fotosyntesen.

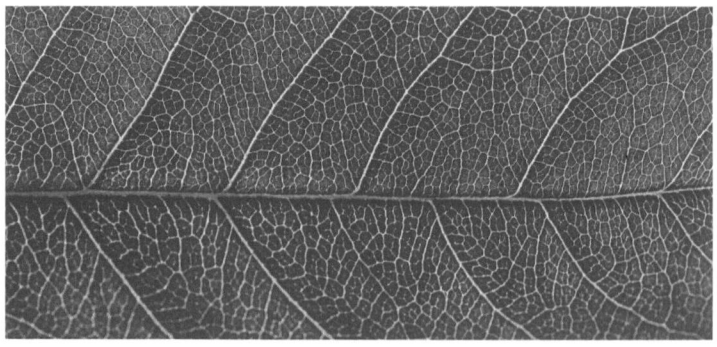

"Sällan jag varit så glad över att bli av med så mycket pengar" brukar mamma säga om Christians betyg vid studenten. De hade en liten överenskommelse om att alla betyg som var över godkända dvs VG eller MVG skulle hon betala 100 kr styck.

När alla studenter kom utrusande till släktingarna som stod på gårdsplanen med plakat och ballonger släntrade min bror fram och slängde upp betygen och sa med ett stort leende "Pröjsa, Marren!" (deras smeknamn på mamma). Det blev en dyr historia för det var ju bara höga betyg men varenda 100-lapp lämnades över med en liten tår i ögat från mamma av stolthet över vilken otrolig resa han gjort.

Efter ett naturtekniskt basår på universitetet i Östersund så sökte Christian in till Mittuniversitetet i Sundsvall. Flera hundra som lämnade ett arbetsprov, 45 st fick komma till en intervju och 15 st blev antagna till Industriella Design programmet. Efter tre år fick Christian sin Bachelor (kandidat examen) och fortsatte mot Jönköping för att läsa masters.

Vid masters avslutningen i Jönköping fick Christian kliva upp tre gånger av fem för att ta emot stipendier, bland annat bästa examensarbete. Sedan kom förfrågan om han ville doktorera då det fanns en vakant tjänst, men ett bra och välbetalt arbete hägrade mer än att doktorera i fem års tid men den killen som enligt läraren skulle bli utslagen och hamna utanför samhället tackade nej till att bli doktor och har idag en masters samt ett välbetalt och bra arbete.

Jag diskuterade med Christian om hans syn på det här med dyslexi men svaret blev lite att det inte var så mycket att prata om. Han kan ibland bli lite konfunderad om han verkligen skrivit rätt när han skickat ett arbetsmail till andra sidan jordklotet men om de inte förstår får de väl maila tillbaka och fråga. Han skrev nyligen högskoleprovet för det var vissa kurser han ville söka och då måste man ha gjort det provet, men självklart så begärde han inte extra tid med hänvisning till sin diagnos. Dyslexi är ingen stor del av hans liv idag och det kan man förstå då han tagit sig så långt här i livet trots diagnosen. Det är väl dit vi alla vill komma, att den inte påverkar våra liv i någon stor utsträckning.

Så för mig är min bror en stor förebild då han trots alla motgångar bevisade för alla att man behöver inte kunna läsa och skriva för att bli framgångsrik.

Min bror Christian Heljeved

Kapitel 8 - Wall of fame

För unga dyslektiker är det mycket viktigt med förebilder och därför kommer här en lista på kända dyslektiker att se upp till.

Selma Lagerlöf 1858–1940

 Selma Lagerlöf föddes på Mårbacka i Östra Ämtervik den 20 november 1858, och växte upp i ett litterärt hem.

Indianboken Oceola av Mayne Reids var Selma Lagerlöfs första stora läsupplevelse. Boken väckte en stark längtan hos den då sjuåriga flickan, att själv kunna skapa något lika fängslande.

Selma var den första kvinna att få Nobelpriset i litteratur (år 1909). Hon var också den första kvinnan som 1914 valdes in Svenska Akademien där hon satt på stol nummer sju.

Ingvar Kamprad 1926 -2018

Nyligen avlidna IKEA-grundaren Ingvar Kamprad var en gång i tiden rankad som världens rikaste man. Han startade IKEA vid 17 års ålder och många tror att det sedan bara blev en enkel väg till vad IKEA är idag.

Världens mest berömda bokhylla Billy heter just så tack vare att Ingvar hade dyslexi. Han kunde inte komma ihåg alla lagernummer så då tyckte han att det var lättare att ge möblerna namn.

Någonting som Ingvar var oerhört stolt över var att år 2017 fick han Nordens Språkpris för den tydliga skyltningen som används på IKEA. –" Eftersom jag har kämpat med dyslexi hela livet förstår jag verkligen hur viktigt språk är, kanske bättre än många andra."

Tom Cruise

En av världens mest
berömda skådespelare
som idag även aktivt
ägnar sig åt att regissera
filmer, men han lärde sig
att läsa först vid vuxen
ålder.

-"Jag fick chansen att ta
pilotcertifikat i samband med Top Gun filmen.
Har inte tid blev mitt svar men den egentliga
sanningen var att jag inte klarade av det på
grund av läsningen. Jag var en vuxen
analfabet."

Redan vid sju års ålder fick han diagnosen
dyslexi och kämpade i oerhört många år innan
han fick hjälp så att han kunde läsa ordentligt.

"Jag kunde komma till slutet på en sida och
knappt komma ihåg något av det jag läst. Jag
tappade helt tråden, kände mig stressad,
nervös, frustrerad, dum. Jag brukade bli arg."

Albert Einstein 1879 - 1955

 Känd som världshistoriens
största geni har Albert
Einstein blivit en symbol för
högre vetande. Han fick
Nobelpriset i fysik år 1921
för sina teorier om
fotoelektriciteten.

Einstein blev erbjuden att
bli president i den judiska staten Israel år
1952. Han tackade nej med motiveringen:
"Ekvationer är viktigare för mig än politik.
Politik är förgängligt men ekvationer är för
evigt".

Just Albert Einstein nämns väldigt ofta när
man tar upp att dyslexi inte har någonting med
intelligens att göra. Kan världens främsta geni
ha dyslexi så kan vem som helst förstå att det
inte är omöjligt att klara av precis det man vill.

Petter

När den kände rapparen
Petter var liten avskydde
han att läsa. Han tyckte
det var fruktansvärt
tråkigt. Men sen kom
Petter till en punkt i sitt liv
där han började hålla på
med musik och för att
kunna skriva texter på
svenska var han tvungen att lära sig fler ord.

"Då började jag titta i böcker. Helt plötsligt blev
böcker intressant för mig, för att jag var
tvungen att utveckla mitt språk och mina
texter."

Bland annat berättade han att han kände sig
mindre intelligent i skolan. "Man bara satt där
och svetten började komma och ångesten".
Idag har Petter publicerat flertalet böcker samt
föreläser på skolor förutom att han är en av
Sveriges främsta textförfattare.

Steven Spielberg

Världens mest kända
regissör med framgångar
som Jurassic Park, ET,
Hajen, Indiana Jones och
många många fler filmer.

Han är oftast väldigt
förtegen om sitt privatliv
men vad gäller dyslexi så
har han öppnat sig och
berättat att han fick sin diagnos först vid 60
års ålder och nu först förstår han varför det tar
dubbelt så lång tid för honom att läsa en bok
eller ett manus än för andra i hans team.

Dock är det ingen överraskning för de som
känner till dyslexins kreativa sida. Och det är
ingen fråga om saken att Steven Spielberg har
den kreativiteten.

Prins Carl Philip

Född in i offentligheten
med att vara kunglig så
borde allt flyta på enkelt
men tyvärr är inte livet
så enkelt oavsett
bakgrund. För den breda
allmänheten fick prinsen
uppleva att bli offentligt
hånad när han inte
kunde uttala rätt procentenhet när han skulle
överlämna ett pris på Idrottsgalan år 2013.

För en del så skulle en sådan skam göra att
man drar täcket över huvudet och inte krypa
fram igen men för prinsen blev detta en
vändning. Redan året därpå tog han en enorm
revansch när han i direktsändning på
Idrottsgalan år 2014 gjorde ett bejublat
framträdande och talade om sin dyslexi. Han
klev fram i rampljuset och är idag beskyddare
av Dyslexiförbundet samt grundare till
Dyslexialand.

Så vilka har jag här gett exempel på som förebilder?

- Första kvinnliga nobelpristagaren i litteratur
- En av världens mest berömda entreprenörer
- En av världens mest berömda skådespelare
- Världens största geni
- Världens mest berömda regissör
- En av Sveriges duktigaste låtskrivare
- En prins

Tänk, alla har de gemensamt att de är kända dyslektiker och att de är mycket kreativa. Okej, nu kan ju inte samtliga av oss bli prins men ingenting hindrar att vi blir precis vad vi vill.

Jag fick nyligen ett mail från en tjej som gick i högstadiet och hon berättade att hon skulle skriva om förebilder och hon hade valt att skriva om mig. Det kändes riktigt stort.

För många dyslektiker kan det kännas som ett straff att läsa en bok, men nu har du åtminstone läst ut en!

"Så kom ihåg, det är omöjligt att veta vem som har dyslexi om ingen berättar det. För dyslexi är ingen stämpel i pannan!"

Källhänvisning

- Skolvalet.nu
- En liten bok om dyslexi, Martin Ingvar.
- dysseplugg.com.se
- hjarnfonden.se
- Dyslexi + Styrkor=Sant, Susanna Cederquist
- Mindset- du blir vad du tänker, Carol Dweck
- Wikipedia
- so-rummet.se

P.S Här kan du anteckna eller skissa det som du
tycker är intressant eller viktigt!